Gender Neutral

Cari lettori,

Mi fa molto piacere darvi il benvenuto a "Costruire un Futuro Gender Neutral", una guida completa dedicata alla comprensione, all'accettazione e alla promozione dell'equità di genere.

In questo libro, esploreremo il concetto di gender neutralità e il suo impatto sulla società, l'educazione, il linguaggio, l'abbigliamento, la genitorialità e il mondo del lavoro.

La gender neutralità è un tema sempre più rilevante nel nostro mondo in continua evoluzione, e il suo riconoscimento e la sua promozione sono fondamentali per creare una società più inclusiva ed equa per tutti.

Questo libro è stato scritto con l'intento di fornire una panoramica completa e accessibile sul tema, offrendo al contempo strategie pratiche e suggerimenti per contribuire al cambiamento.

Attraverso questa guida, spero di poter contribuire a diffondere la consapevolezza sulla gender neutralità e sulle questioni correlate, incoraggiando allo stesso tempo un dialogo costruttivo e l'adozione di pratiche inclusive.

Che siate nuovi al concetto di gender neutral o desideriate approfondire ulteriormente la vostra conoscenza, spero che troverete in queste pagine informazioni utili e stimolanti.

Vi auguro una lettura interessante e arricchente, e vi incoraggio a utilizzare le conoscenze acquisite per promuovere un futuro gender neutral in cui ognuno possa sentirsi accolto, rispettato e libero di esprimere la propria identità di genere.

Cordialmente,

Mark Donat

pag. 4   **Capitolo 1: Introduzione**

pag. 4   1.1 Definizione di gender neutral

pag. 4   1.2 L'importanza dell'uguaglianza di genere e della diversità

pag. 5   1.3 Obiettivi del libro

pag. 5   1.4 Il contesto storico e culturale del gender neutral

pag. 7   1.5 La sfida delle resistenze culturali e sociali

pag. 7   1.6 Verso un futuro gender neutral

pag. 8   **Capitolo 2: Il linguaggio gender neutral**

pag. 8   2.1 Il ruolo del linguaggio nella costruzione delle identità di genere

pag. 8   2.2 Pronomi e termini neutri al genere

pag. 9   2.3 Strategie per un linguaggio più inclusivo

pag.10   2.4 Esempi di linguaggio gender neutral in diverse lingue

pag.11   2.5 Il ruolo delle istituzioni e delle organizzazioni nella promozione del linguaggio gender neutral

pag.12   2.6 Conclusione

pag.12   **Capitolo 3: Abbigliamento e moda gender neutral**

pag.12   3.1 Introduzione all'abbigliamento gender neutral

pag.13   3.2 La storia dell'abbigliamento gender neutral

pag.13   3.3 L'abbigliamento gender neutral nell'industria della moda

pag.   3.4 Come incorporare lo stile gender neutral nel proprio guardaroba

pag.15   3.5 Conclusione

pag.16   **Capitolo 4: Design e spazi abitativi gender neutral**

pag.16   4.1 Introduzione al design gender neutral

pag.16   4.2 Principi di design gender neutral

pag.17   4.3 Applicazioni del design gender neutral

pag.18   4.4 Suggerimenti per la creazione di spazi abitativi gender neutral

pag.18   4.5 Conclusione

pag.19   **Capitolo 5: Educazione gender neutral**

pag.19   5.1 Introduzione all'educazione gender neutral

pag.20   5.2 Principi dell'educazione gender neutral

pag.20   5.3 Implicazioni per gli insegnanti, gli studenti e i genitori

pag.21   5.4 Suggerimenti per incorporare approcci gender neutral nell'ambiente educativo

pag.23   5.5 Conclusione

pag.23   **Capitolo 6: Lavoro e professioni gender neutral**

pag.23   6.1 Introduzione al lavoro e alle professioni gender neutral

pag.24   6.2 Stereotipi di genere nel mondo del lavoro

pag.24 del   6.3 Strategie per promuovere l'equità e l'inclusività nel mondo lavoro

pag.26   6.4 Benefici del lavoro e delle professioni gender neutral

pag.26   6.5 Conclusione

pag.27   **Capitolo 7: La società gender neutral del futuro**

pag.27   7.1 Visione di una società gender neutral

pag.27   7.2 Passi verso una società gender neutral

pag.28   7.3 Benefici della società gender neutral

pag.29   7.4 Conclusione

Capitolo 1: Introduzione

1.1 Definizione di gender neutral

Negli ultimi anni, il tema del gender neutral ha guadagnato sempre più attenzione a livello globale, con discussioni riguardanti l'uguaglianza di genere, la diversità e l'inclusione che sono diventate centrali nelle conversazioni sia personali che politiche.

Ma cosa significa esattamente "gender neutral"? Il termine "gender neutral", o "neutro al genere", si riferisce a un approccio o a un'idea che non è specificamente legata al genere maschile o femminile e che cerca di includere tutti i generi in modo egualitario.

Questo concetto abbraccia una vasta gamma di aspetti della vita quotidiana e della società, dai linguaggi e i modi di comunicare alle leggi e alle politiche pubbliche.

1.2 L'importanza dell'uguaglianza di genere e della diversità

L'uguaglianza di genere e la diversità di genere sono concetti fondamentali nell'attuale panorama sociale e culturale.

L'uguaglianza di genere si riferisce alla parità di diritti, opportunità e rispetto per persone di tutti i generi.

Si tratta di un principio che sostiene che tutti gli individui, indipendentemente dal loro genere, dovrebbero avere le stesse possibilità di successo e di autorealizzazione, senza dover affrontare discriminazioni o pregiudizi basati sul genere.

La diversità di genere, d'altra parte, è un concetto che riconosce e celebra la vasta gamma di identità di genere esistenti al di là della tradizionale dicotomia maschile/femminile.

Queste identità includono persone transgender, non binarie, genderqueer e altre espressioni di genere che sfidano le aspettative sociali tradizionali.

Il rispetto e l'accettazione della diversità di genere sono essenziali per creare un'atmosfera di inclusione e accettazione per tutti.

1.3 Obiettivi del libro

Questo libro mira a esplorare il concetto di gender neutral in modo approfondito, offrendo una panoramica completa di come questo approccio possa essere applicato nella società e nella vita quotidiana.

Gli obiettivi del libro sono:

- Fornire una comprensione di base del concetto di gender neutral e dei suoi principi fondamentali;
- Esaminare come il gender neutral possa essere applicato in vari contesti, come il linguaggio, l'abbigliamento, l'educazione, il design degli spazi e le politiche pubbliche;
- Offrire suggerimenti pratici e strategie per promuovere un ambiente più inclusivo e accogliente per persone di tutti i generi;
- Stimolare il dibattito e la riflessione sulle sfide e le opportunità associate al gender neutral, al fine di contribuire al progresso dell'uguaglianza di genere e della diversità di genere nella società.

1.4 Il contesto storico e culturale del gender neutral

Per comprendere appieno il concetto di gender neutral, è importante esaminare il contesto storico e culturale in cui esso si è sviluppato.

La percezione del genere e dei ruoli di genere nella società è cambiata notevolmente nel corso del tempo, e il gender neutral è emerso come una risposta alle limitazioni e alle discriminazioni imposte dalle convenzioni tradizionali sul genere.

A partire dal movimento femminista degli anni '60 e '70, la società ha cominciato a mettere in discussione e a sfidare gli stereotipi e le aspettative di genere.

Le donne hanno rivendicato il diritto a opportunità e diritti uguali a quelli degli uomini, compresa la parità salariale e il diritto di votare.

Parallelamente, gli uomini hanno cominciato a sfidare le norme riguardanti la mascolinità, la sensibilità emotiva e l'involvimento nella cura dei bambini e nelle faccende domestiche.

Man mano che le questioni di genere sono diventate più complesse e diversificate, anche il concetto di gender neutral ha guadagnato terreno.

 Negli ultimi decenni, la consapevolezza delle identità di genere non binarie e transgender è cresciuta notevolmente, portando a un'ulteriore evoluzione nel modo in cui la società considera e affronta il genere.

Il gender neutral è diventato un modo per sfidare le convenzioni di genere e promuovere l'inclusione e l'uguaglianza per tutte le persone, indipendentemente dalla loro identità di genere.

1.5 La sfida delle resistenze culturali e sociali

Nonostante i progressi compiuti nel campo dell'uguaglianza di genere e della diversità di genere, il gender neutral continua a incontrare resistenze e ostacoli in alcune aree della società.

Queste resistenze possono derivare da tradizioni culturali, convinzioni religiose o semplicemente dalla paura del cambiamento.

È importante riconoscere e affrontare queste resistenze per poter continuare a lavorare verso una società più inclusiva e accogliente.

Una delle principali sfide nella promozione del gender neutral è la necessità di cambiare le mentalità e le abitudini radicate.

Molti individui sono cresciuti con una comprensione del genere basata sulla dicotomia maschile/femminile e possono trovare difficile adattarsi a nuove idee e pratiche che sfidano questi schemi.

La formazione e l'educazione, sia formale che informale, sono strumenti fondamentali per aiutare le persone a comprendere e accettare il gender neutral.

1.6 Verso un futuro gender neutral

Il gender neutral è un concetto che continua a evolversi e a guadagnare terreno in molti aspetti della società.

Man mano che la consapevolezza dell'importanza dell'uguaglianza di genere e della diversità di genere cresce, anche la necessità di adottare approcci gender neutral diventa più evidente.

Questo libro cerca di fornire una base solida per comprendere il gender neutral e i suoi potenziali benefici, nonché di offrire suggerimenti pratici e strategie per attuare il gender neutral nella vita quotidiana e nella società nel suo complesso.

Nel corso dei prossimi capitoli, esploreremo in dettaglio come il gender neutral può essere applicato in vari contesti, dalle sfumature del linguaggio e della comunicazione all'abbigliamento, dall'educazione al design degli spazi e alle politiche pubbliche.

Discuteremo le sfide e le opportunità associate a ciascuno di questi ambiti, offrendo esempi concreti e suggerimenti pratici per incorporare il gender neutral nella nostra vita quotidiana.

Inoltre, il libro affronterà il tema delle leggi e delle politiche che promuovono il gender neutral, esaminando le best practice e le innovazioni in atto a livello globale.

Considereremo anche le sfide che emergono nell'attuazione di queste politiche e come affrontarle per garantire che l'uguaglianza di genere e la diversità di genere siano al centro delle decisioni politiche e legislative.

Infine, il libro si concluderà con una riflessione sul futuro del gender neutral e su come ognuno di noi possa contribuire a promuovere un mondo più inclusivo e accogliente per tutti.

Rifletteremo sulle sfide e le opportunità che ci attendono e offriremo un invito all'azione per i lettori, incoraggiandoli a partecipare attivamente nella creazione di un mondo gender neutral.

L'obiettivo finale di questo libro è di fornire ai lettori gli strumenti e le conoscenze necessarie per comprendere e implementare il gender neutral nella propria vita e nella società in generale.

Speriamo che, leggendo questo libro, siate ispirati a riflettere sulle vostre esperienze personali e a considerare come potreste contribuire a creare un mondo più equo, inclusivo e rispettoso delle diverse identità di genere.

Capitolo 2: Il linguaggio gender neutral

2.1 Il ruolo del linguaggio nella costruzione delle identità di genere

Il linguaggio è uno strumento fondamentale attraverso il quale comunichiamo e comprendiamo il mondo che ci circonda.

Attraverso il linguaggio, esprimiamo le nostre identità, i nostri pensieri e le nostre emozioni. Il linguaggio, tuttavia, non è un sistema neutro: esso riflette e rinforza le strutture sociali e culturali della società in cui viviamo.

Pertanto, il linguaggio può anche contribuire a perpetuare stereotipi di genere e discriminazioni, sia in modo esplicito che implicito.

Per promuovere l'uguaglianza di genere e la diversità di genere, è importante riflettere su come il linguaggio possa essere utilizzato in modo più inclusivo e rispettoso delle diverse identità di genere.

Il gender neutral, in questo contesto, si riferisce all'uso di un linguaggio che non fa distinzioni di genere e che è inclusivo per tutte le persone, indipendentemente dalla loro identità di genere.

2.2 Pronomi e termini neutri al genere

Un aspetto cruciale del linguaggio gender neutral riguarda l'uso di pronomi e termini neutri al genere.

I pronomi sono parole usate per riferirsi a persone senza dover ripetere il loro nome e, nella maggior parte delle lingue, sono fortemente legati al genere.

Ad esempio, in italiano, i pronomi "lui" e "lei" si riferiscono rispettivamente a persone di genere maschile e femminile, mentre in inglese si utilizzano "he" e "she".

L'uso di pronomi gender neutral è un modo per evitare di fare ipotesi sul genere di una persona e per includere persone di tutti i generi nel discorso.

In italiano, un esempio di pronome gender neutral è "loro", che può essere utilizzato al posto di "lui" o "lei" quando il genere di una persona è sconosciuto o non rilevante.

In inglese, il pronome "they" può essere usato in modo simile come pronome singolare neutro al genere.

Oltre ai pronomi, è importante considerare anche l'uso di termini e titoli neutri al genere.

Ad esempio, in italiano si possono utilizzare espressioni come "tutti e tutte" o "tutte e tutti" per includere persone di tutti i generi, mentre in inglese si possono usare termini come "everyone" o "people" invece di "ladies and gentlemen" (signore e signori).

2.3 Strategie per un linguaggio più inclusivo

Adottare un linguaggio gender neutral richiede una riflessione attenta e un impegno per cambiare le abitudini linguistiche radicate.

Ecco alcune strategie che possono aiutare a rendere il linguaggio più inclusivo:

1. Utilizzare pronomi e termini neutri al genere: Come discusso in precedenza, l'uso di pronomi e termini neutri al genere è una componente fondamentale del linguaggio gender neutral. Prestare attenzione all'uso di pronomi e termini e sostituire quelli legati al genere con alternative più inclusive può fare una grande differenza nella creazione di un ambiente più accogliente per tutti.

2. Chiedere i pronomi delle persone: Invece di fare ipotesi sul genere di una persona basandosi sull'aspetto o sul nome, chiedere direttamente quali pronomi preferiscono utilizzare. Questo dimostra rispetto per la loro identità di genere e aiuta a creare un clima di inclusione.

3. Evitare stereotipi e generalizzazioni di genere: Il linguaggio può rinforzare stereotipi e aspettative di genere anche quando non si utilizzano esplicitamente pronomi o termini legati al genere. Prestare attenzione alle espressioni che perpetuano generalizzazioni sul comportamento o le preferenze di un determinato genere e cercare di sostituirle con descrizioni più neutre e accurate.

4. Educarsi sulle diverse identità di genere: Conoscere le diverse identità di genere e le esperienze delle persone transgender, non binarie e genderqueer può aiutare a comprendere meglio le sfide che queste persone affrontano nel linguaggio quotidiano e a sviluppare una maggiore sensibilità nell'uso del linguaggio inclusivo.

5. Correggere gli errori e imparare da essi: Tutti commettono errori, e utilizzare un linguaggio gender neutral può richiedere un po' di pratica e adattamento. Quando si commettono errori nell'uso dei pronomi o dei termini, è importante correggerli, scusarsi se necessario e imparare dall'esperienza per migliorare il proprio linguaggio in futuro.

2.4 Esempi di linguaggio gender neutral in diverse lingue

Il linguaggio gender neutral si manifesta in modi diversi a seconda della lingua. In alcune lingue, come l'inglese, è possibile utilizzare pronomi e termini neutri al genere con relativa facilità, mentre in altre lingue, come l'italiano o lo spagnolo, la struttura stessa della lingua rende più difficile evitare le distinzioni di genere.

Tuttavia, in tutte le lingue, ci sono strategie che possono essere adottate per rendere il linguaggio più inclusivo.

Ad esempio, in francese, si può utilizzare il termine "iel" come pronome neutro al genere, combinando "il" (lui) e "elle" (lei). In spagnolo, si può utilizzare la lettera "e" al posto della "o" o della "a" per creare termini neutri al genere, come "amigue" invece di "amigo" o "amiga".

In tedesco, si può utilizzare il pronome "sie" in riferimento a una persona di genere sconosciuto o non rilevante, evitando l'uso di "er" (lui) o "sie" (lei) quando non è appropriato.

Questi sono solo alcuni esempi di come il linguaggio gender neutral possa essere implementato in diverse lingue.

L'importante è essere consapevoli delle sfide e delle possibilità offerte dalla propria lingua e lavorare per sviluppare strategie

per un linguaggio più inclusivo e rispettoso delle diverse identità di genere.

2.5 Il ruolo delle istituzioni e delle organizzazioni nella promozione del linguaggio gender neutral

Le istituzioni e le organizzazioni hanno un ruolo fondamentale nel promuovere l'uso del linguaggio gender neutral e nell'educare le persone sull'importanza di un linguaggio inclusivo. Scuole, università, luoghi di lavoro e organizzazioni governative possono adottare politiche e linee guida che incoraggino l'uso di un linguaggio gender neutral e che sensibilizzino i membri della comunità alle questioni di genere.

Alcuni esempi di azioni che le istituzioni e le organizzazioni possono intraprendere includono:

1. Offrire formazione e risorse sul linguaggio gender neutral: Fornire ai dipendenti, agli studenti e ai membri della comunità accesso a risorse educative e opportunità di formazione sul linguaggio gender neutral può aiutare a creare un ambiente più inclusivo e consapevole.

2. Adottare politiche sul linguaggio inclusivo: Le istituzioni e le organizzazioni possono sviluppare e implementare politiche che promuovano l'uso del linguaggio gender neutral nei documenti ufficiali, nella comunicazione interna ed esterna e nelle interazioni quotidiane.

3. Creare spazi per la discussione e il dialogo: Organizzare eventi, tavole rotonde e forum di discussione sul tema del linguaggio gender neutral e delle questioni di genere può contribuire a sensibilizzare l'opinione pubblica e a stimolare il dibattito e il cambiamento.

4. Dare l'esempio: I leader e i membri influenti delle istituzioni e delle organizzazioni possono dare l'esempio utilizzando un linguaggio gender neutral nelle loro comunicazioni e interazioni, incoraggiando gli altri a seguire il loro esempio.

2.6 Conclusione

Il linguaggio è uno strumento potente che riflette e modella la nostra comprensione del mondo e delle persone che lo abitano.

Adottare un linguaggio gender neutral è un passo fondamentale verso la creazione di una società più inclusiva e rispettosa delle diverse identità di genere.

In questo capitolo, abbiamo esplorato il ruolo del linguaggio nella costruzione delle identità di genere, l'uso di pronomi e termini neutri al genere e diverse strategie per un linguaggio più inclusivo.

Abbiamo anche discusso del ruolo delle istituzioni e delle organizzazioni nella promozione del linguaggio gender neutral e di come il linguaggio gender neutral possa essere implementato in diverse lingue.

Nel prossimo capitolo, esploreremo ulteriormente il concetto di gender neutral, esaminando come può essere applicato al mondo dell'abbigliamento e della moda, un altro aspetto fondamentale della nostra vita quotidiana e della nostra espressione di genere.

Capitolo 3: Abbigliamento e moda gender neutral

3.1 Introduzione all'abbigliamento gender neutral

L'abbigliamento e la moda sono mezzi potenti attraverso i quali esprimiamo la nostra identità, compresa la nostra identità di genere.

Tuttavia, l'industria della moda ha storicamente perpetuato una netta distinzione tra abiti "maschili" e "femminili", limitando spesso le possibilità di espressione per le persone che non si identificano pienamente con queste categorie tradizionali.

L'abbigliamento gender neutral è un approccio inclusivo alla moda che sfida le norme di genere e offre alle persone di tutti i generi maggiore libertà di espressione. In questo capitolo, esamineremo l'evoluzione e l'importanza dell'abbigliamento gender neutral, discuteremo di come si manifesta nel mondo della moda e forniremo suggerimenti per incorporare stili gender neutral nel proprio guardaroba.

3.2 La storia dell'abbigliamento gender neutral

Sebbene il concetto di abbigliamento gender neutral possa sembrare una tendenza moderna, la storia ci mostra che la distinzione rigida tra abiti "maschili" e "femminili" non è sempre stata così marcata. In molte culture antiche, gli abiti erano spesso simili per uomini e donne, con differenze più sottili basate su colore, tessuto o dettagli.

Nel corso dei secoli, tuttavia, le norme sociali e culturali hanno portato a una crescente separazione tra abiti maschili e femminili, spesso basata su stereotipi di genere riguardo al ruolo e alle attività di uomini e donne.

Nel XX secolo, con l'ascesa della moda prêt-à-porter e dell'industria dell'abbigliamento di massa, queste distinzioni sono diventate ancora più evidenti.

Negli ultimi decenni, tuttavia, si è assistito a un crescente interesse per l'abbigliamento gender neutral e la sfida alle tradizionali norme di genere nel mondo della moda.

Movimenti come il femminismo, la liberazione LGBTQ+ e la crescente consapevolezza delle diverse identità di genere hanno contribuito a spingere questa tendenza.

3.3 L'abbigliamento gender neutral nell'industria della moda

Il crescente interesse per l'abbigliamento gender neutral si riflette anche nell'industria della moda, con designer e marchi che adottano stili e approcci più inclusivi.

Alcuni marchi si sono dedicati esclusivamente all'abbigliamento gender neutral, offrendo collezioni che sfidano le tradizionali distinzioni di genere e consentono a chiunque di indossare i loro capi indipendentemente dal genere.

Anche i marchi di moda più tradizionali stanno cominciando a incorporare elementi gender neutral nelle loro collezioni, spesso attraverso l'uso di tagli unisex, tessuti e colori che non sono strettamente associati a un genere specifico.

Le settimane della moda in tutto il mondo presentano sempre più sfilate che combinano collezioni maschili e femminili, mettendo in discussione le barrieredi genere nell'industria.

Inoltre, la crescente visibilità di modelli transgender, non binari e genderqueer sulle passerelle e nelle campagne pubblicitarie sta aiutando a sfidare le aspettative tradizionali sul ruolo del genere nella moda e ad ampliare la nostra comprensione di cosa significhi essere "maschile" o "femminile".

3.4 Come incorporare lo stile gender neutral nel proprio guardaroba

Indipendentemente dalla propria identità di genere, incorporare elementi di abbigliamento gender neutral nel proprio guardaroba può essere un modo per esplorare nuove forme di espressione e sperimentare

stili che sfidano le norme tradizionali di genere. Ecco alcuni suggerimenti per aggiungere abiti gender neutral al tuo guardaroba:

1. Scegliere capi versatili e unisex: Opta per pezzi che possono essere indossati da chiunque, indipendentemente dal genere. Ad esempio, T-shirt, jeans, felpe e giacche possono essere scelti in tagli e modelli che si adattano a una vasta gamma di forme del corpo e preferenze di stile.

2. Evitare colori e motivi strettamente associati a un genere specifico: Anche se non c'è nulla di sbagliato nell'indossare colori o motivi tradizionalmente associati a un genere, per uno stile più gender neutral, opta per colori neutri o combinazioni di colori che non sono strettamente legate a un genere.

3. Prestare attenzione ai tessuti e alle strutture: I tessuti e le strutture possono anche contribuire a creare un look gender neutral. Cerca tessuti che non siano troppo associati a un genere specifico, come il cotone, il lino o la lana.

4. Sperimentare con accessori: Gli accessori possono essere un modo eccellente per aggiungere un tocco gender neutral al tuo look. Prova a indossare orologi, cinture, sciarpe o gioielli che sfidano le tradizionali aspettative di genere.

5. Esplorare la moda vintage e di seconda mano: Spesso, la moda
   vintage e di seconda mano offre una vasta gamma di stili e tagli
   che sfuggono alle tradizionali categorie di genere. Esplorare questi
   negozi può essere un modo divertente ed economico per
   aggiungere pezzi unici e gender neutral al tuo guardaroba.

6. Ricordarsi che non ci sono regole: L'abbigliamento gender neutral
   è tutto sull'espressione individuale e la libertà di sfidare le norme
   tradizionali di genere. Non esiste un "modo giusto" di indossare
   abiti gender neutral, quindi sperimenta e scopri quali stili ti fanno
   sentire più a tuo agio e autentico.

3.5 Conclusione

L'abbigliamento gender neutral rappresenta un importante cambiamento
nel modo in cui concepiamo la moda e l'espressione di genere.

Offrendo maggiore libertà e inclusività per tutti, l'abbigliamento gender
neutral incoraggia la sperimentazione e la celebrazione delle diverse
identità di genere.

In questo capitolo, abbiamo esaminato la storia dell'abbigliamento gender
neutral, il suo impatto sull'industria della moda e i modi in cui puoi
incorporare stili gender neutral nel tuo guardaroba.

Con l'aumentare della consapevolezza delle diverse identità di genere e
delle esigenze di inclusione, è probabile che l'abbigliamento gender
neutral continui a guadagnare popolarità e ad influenzare il modo in cui ci
vestiamo e ci esprimiamo.

Nel prossimo capitolo, approfondiremo ulteriormente il concetto di
gender neutral, esaminando come può essere applicato al design e agli
spazi abitativi, un altro aspetto importante della nostra vita quotidiana e
della nostra espressione di genere.

Capitolo 4: Design e spazi abitativi gender neutral

4.1 Introduzione al design gender neutral

Il design e gli spazi abitativi riflettono e influenzano il modo in cui viviamo, lavoriamo e interagiamo con gli altri.

Come il linguaggio e la moda, il design ha il potenziale di essere inclusivo o escludente a seconda delle scelte che facciamo.

Il design gender neutral si concentra sull'eliminazione delle distinzioni di genere e sulla creazione di spazi che sono accoglienti e confortevoli per tutti, indipendentemente dall'identità di genere.

In questo capitolo, esploreremo il concetto di design gender neutral, discuteremo di come si manifesta in diversi contesti, come la casa, gli spazi pubblici e i luoghi di lavoro, e offriremo suggerimenti per incorporare principi di design gender neutral nella creazione e nell'arredamento degli spazi abitativi.

4.2 Principi di design gender neutral

Il design gender neutral si basa su una serie di principi chiave che mirano a creare spazi inclusivi e accoglienti per tutti. Questi principi includono:

1. Accessibilità: Gli spazi gender neutral dovrebbero essere accessibili e confortevoli per tutti, indipendentemente dall'identità di genere, dall'età, dalle abilità o dalle esigenze specifiche. Questo può includere l'installazione di rampe per sedie a rotelle, la progettazione di bagni accessibili a tutti e la creazione di spazi che siano facilmente navigabili e sicuri per tutti gli utenti.

2. Neutralità: Il design gender neutral evita l'uso di colori, motivi e stili strettamente associati a un genere specifico. Invece, si basa su una palette di colori neutri, tessuti e materiali che non sono strettamente legati a un genere.

3. Flessibilità: Gli spazi gender neutral dovrebbero essere flessibili e adattabili alle diverse esigenze e preferenze degli utenti. Ciò può

includere l'uso di mobili modulari, la creazione di spazi multiuso e la possibilità di personalizzare gli ambienti in base alle esigenze individuali.

4. Inclusività: Un design gender neutral dovrebbe promuovere un senso di appartenenza e inclusione per tutti coloro che utilizzano lo spazio. Questo può includere l'uso di segnaletica e comunicazioni inclusive, la creazione di spazi comuni che incoraggiano l'interazione e il sostegno alle diverse identità e espressioni di genere.

4.3 Applicazioni del design gender neutral

Il design gender neutral può essere applicato a una vasta gamma di contesti, dalla casa agli spazi pubblici e ai luoghi di lavoro.

Ecco alcuni esempi di come il design gender neutral può essere incorporato in questi spazi:

1. Nella casa: Per creare un ambiente domestico gender neutral, opta per colori neutri e tessuti che non siano strettamente associati a un genere specifico. Cerca mobili e accessori che siano funzionali e confortevoli per tutti gli abitanti della casa, indipendentemente dall'identità di genere. Considera l'utilizzo di spazi comuni che incoraggiano la condivisione e la collaborazione, e assicurati che tutti gli ambienti siano accessibili e adattabili alle diverse esigenze dei membri della famiglia.

2. Negli spazi pubblici: Il design gender neutral negli spazi pubblici può includere la creazione di bagni unisex o all-gender, l'uso di segnaletica inclusiva e l'installazione di servizi accessibili a tutti, indipendentemente dall'identità di genere. Presta attenzione all'illuminazione, ai materiali e alle finiture per creare un'atmosfera accogliente e inclusiva.

3. Nei luoghi di lavoro: Un ambiente di lavoro gender neutral può essere creato attraverso l'uso di spazi flessibili e multiuso che consentano a tutti i dipendenti di lavorare e collaborare in modo confortevole. Considera l'uso di colori neutri, arredi modulari e aree comuni che incoraggiano l'interazione e la cooperazione tra i

membri del team.

4.4 Suggerimenti per la creazione di spazi abitativi gender neutral

Se stai cercando di incorporare principi di design gender neutral nella tua casa, nei tuoi spazi pubblici o nei tuoi luoghi di lavoro, ecco alcuni suggerimenti utili:

1. Scegli colori neutri: Opta per una palette di colori neutri che non sia strettamente associata a un genere specifico. I colori come il grigio, il bianco, il beige e il nero possono essere utilizzati per creare un'atmosfera calmante e inclusiva.

2. Utilizza mobili e accessori versatili: Scegli mobili e accessori che siano funzionali e adattabili alle diverse esigenze e preferenze degli utenti. Mobili modulari, spazi multiuso e soluzioni di archiviazione flessibili possono aiutare a creare spazi che funzionano per tutti.

3. Presta attenzione ai dettagli: I dettagli possono fare la differenza quando si tratta di creare un ambiente gender neutral. Evita l'uso di accessori o decorazioni strettamente legate a un genere specifico e opta per elementi che siano neutrali e inclusivi.

4. Crea spazi comuni accoglienti: Gli spazi comuni sono un'opportunità per incoraggiare l'interazione e la collaborazione tra gli utenti. Assicurati che questi spazi siano confortevoli, accessibili e invitanti per tutti, indipendentemente dall'identità di genere.

4.5 Conclusione

Il design gender neutral è un approccio inclusivo e innovativo alla creazione di spazi abitativi che rispettano e celebrano la diversità delle identità di genere.

Attraverso l'uso di colori neutri, mobili e accessori versatili e spazi flessibili, il design gender neutral offre un'alternativa alle tradizionali distinzioni di genere negli spazi abitativi.

In questo capitolo, abbiamo esplorato il concetto di design gender neutral, discusso di come si manifesta in diversi contesti e offerto suggerimenti per incorporare principi di design gender neutral nella creazione e nell'arredamento degli spazi abitativi.

Adottare un approccio gender neutral al design può contribuire a creare ambienti più accoglienti, inclusivi e adattabili per tutti, indipendentemente dall'identità di genere.

Man mano che la consapevolezza delle diverse identità di genere e delle esigenze di inclusione continua a crescere, è probabile che il design gender neutral continui a guadagnare popolarità e ad influenzare il modo in cui concepiamo e organizziamo gli spazi in cui viviamo, lavoriamo e interagiamo.

Nel prossimo capitolo, ci concentreremo su un altro aspetto importante della nostra vita quotidiana che è influenzato dal concetto di gender neutral: l'educazione.

Esploreremo come l'educazione gender neutral può contribuire a creare un ambiente di apprendimento più inclusivo e adattabile, che favorisca la comprensione, il rispetto e la celebrazione delle diverse identità di genere.

Capitolo 5: Educazione gender neutral

5.1 Introduzione all'educazione gender neutral

L'educazione gioca un ruolo cruciale nella formazione delle nostre identità, delle nostre opinioni e delle nostre interazioni con gli altri.

L'educazione gender neutral si concentra sull'eliminazione delle distinzioni di genere nel sistema educativo e sulla promozione di un ambiente di apprendimento inclusivo e rispettoso per tutti gli studenti, indipendentemente dall'identità di genere.

In questo capitolo, esamineremo il concetto di educazione gender neutral, discuteremo le sue implicazioni per gli insegnanti, gli studenti e i genitori e offriremo suggerimenti per incorporare approcci gender neutral nell'ambiente educativo.

5.2 Principi dell'educazione gender neutral

L'educazione gender neutral si basa su una serie di principi chiave che mirano a creare un ambiente di apprendimento inclusivo e rispettoso per tutti gli studenti.

Questi principi includono:

1. Inclusività: L'educazione gender neutral si impegna a creare un ambiente di apprendimento che sia accogliente e inclusivo per tutti gli studenti, indipendentemente dall'identità di genere. Ciò implica il riconoscimento e il sostegno delle diverse identità di genere, l'utilizzo di un linguaggio inclusivo e la promozione di una cultura scolastica che celebra la diversità.

2. Equità: L'educazione gender neutral si concentra sulla promozione dell'equità tra gli studenti, garantendo che tutti abbiano le stesse opportunità di apprendimento e di successo, indipendentemente dal genere. Questo può includere l'adozione di politiche e pratiche che tengano conto delle diverse esigenze e sfide che gli studenti possono affrontare a causa del loro genere.

3. Rispetto: L'educazione gender neutral richiede il rispetto delle diverse identità di genere, incoraggiando gli studenti, gli insegnanti e i genitori a trattare tutti con empatia e comprensione. Ciò implica la promozione di un dialogo aperto e onesto sulle questioni di genere e la creazione di un ambiente in cui gli studenti si sentano ascoltati e valorizzati.

4. Flessibilità: L'educazione gender neutral riconosce che gli studenti hanno diverse esigenze e preferenze di apprendimento e si impegna a fornire un'istruzione che sia adattabile e flessibile. Ciò può includere l'adozione di metodi di insegnamento diversificati, la personalizzazione dei piani di apprendimento e l'offerta di un'ampia gamma di risorse e opportunità per gli studenti.

5.3 Implicazioni per gli insegnanti, gli studenti e i genitori

L'educazione gender neutral ha implicazioni significative per gli insegnanti, gli studenti e i genitori, poiché richiede un cambiamento nel modo in cui l'istruzione viene concepita e praticata.

Alcune delle implicazioni più importanti includono:

1. Formazione degli insegnanti: Gli insegnanti hanno un ruolo cruciale nell'attuazione dell'educazione gender neutral e devono essere adeguatamente formati per comprendere e affrontare le questioni di genere. Ciò può includere la formazione sulla diversità di genere, l'uso di un linguaggio inclusivo e l'adozione di strategie didattiche che promuovano l'equità e l'inclusività.

2. Cambiamento nel curriculum: Un approccio gender neutral all'educazione richiede un cambiamento nel curriculum per garantire che tutti gli studenti siano rappresentati e inclusi. Ciò può includere l'integrazione di storie e prospettive di diverse identità di genere, la revisione dei materiali didattici per eliminare stereotipi di genere e la promozione di un'istruzione che sia equa e inclusiva per tutti gli studenti.

3. Supporto agli studenti: Gli studenti che si identificano come non binari, transgender o di altre identità di genere possono affrontare sfide uniche nel sistema educativo. L'educazione gender neutral si impegna a fornire supporto a questi studenti, inclusa la creazione di ambienti sicuri, l'offerta di risorse e servizi specifici e l'incoraggiamento alla partecipazione e all'auto-espressione.

4. Coinvolgimento dei genitori: I genitori hanno un ruolo importante nel sostenere l'educazione gender neutral e devono essere coinvolti nel processo. Ciò può includere la comunicazione aperta e onesta tra genitori e insegnanti, la partecipazione a incontri scolastici e comunitari e il sostegno alle politiche e alle pratiche che promuovono l'equità e l'inclusività.

5.4 Suggerimenti per incorporare approcci gender neutral nell'ambiente educativo

Per incorporare approcci gender neutral nell'ambiente educativo, ecco alcuni suggerimenti utili:

1. Utilizzare un linguaggio inclusivo: Presta attenzione al linguaggio utilizzato in classe e nei materiali didattici e assicurati che sia inclusivo e rispettoso di tutte le identità di genere. Evita di

utilizzare termini strettamente legati a un genere specifico e considera l'uso di pronomi neutri quando appropriato.

2. Rivedere il curriculum e i materiali didattici: Esamina il curriculum e i materiali didattici per identificare e eliminare stereotipi di genere o rappresentazioni limitate delle diverse identità di genere. Cerca di integrare storie e prospettive di una vasta gamma di identità di genere in modo che tutti gli studenti possano sentirsi rappresentati e inclusi.

3. Creare un ambiente di apprendimento sicuro e accogliente: Assicurati che la tua aula sia un ambiente sicuro e accogliente per tutti gli studenti, indipendentemente dalla loro identità di genere. Stabilisci regole e aspettative chiare riguardo al rispetto e all'inclusività e incoraggia gli studenti a esprimere le loro preoccupazioni e le loro esperienze.

4. Fornire supporto e risorse agli studenti: Offri supporto e risorse specifiche agli studenti con diverse identità di genere, includendo consulenza, gruppi di supporto e materiali educativi che riflettano le loro esperienze. Cerca di creare un ambiente in cui gli studenti si sentano a proprio agio nel chiedere aiuto e nel condividere le loro preoccupazioni.

5. Coinvolgere i genitori e la comunità: Lavora in collaborazione con i genitori e la comunità per promuovere l'educazione gender neutral e sostenere gli studenti di tutte le identità di genere. Mantieni una comunicazione aperta e onesta con i genitori riguardo alle politiche, alle pratiche e alle iniziative che promuovono l'equità e l'inclusività.

6. Formare gli insegnanti e il personale scolastico: Assicurati che gli insegnanti e il personale scolastico ricevano una formazione adeguata sulle questioni di genere e siano in grado di affrontare le sfide e le preoccupazioni degli studenti con empatia e comprensione. Questa formazione può includere workshop, seminari e risorse online.

7. Promuovere una cultura scolastica inclusiva: Incentiva una cultura scolastica che celebri la diversità e promuova l'inclusività

attraverso eventi, progetti e programmi che coinvolgano gli studenti di tutte le identità di genere. Questo può includere la creazione di club di genere, la celebrazione delle giornate di consapevolezza e la promozione di un dialogo aperto e onesto sulle questioni di genere.

5.5 Conclusione

L'educazione gender neutral è un approccio essenziale per creare ambienti di apprendimento inclusivi e rispettosi che valorizzino e sostengano gli studenti di tutte le identità di genere.

Attraverso la formazione degli insegnanti, la revisione del curriculum, la creazione di ambienti sicuri e accoglienti e il coinvolgimento dei genitori e della comunità, l'educazione gender neutral può contribuire a garantire che tutti gli studenti abbiano le stesse opportunità di apprendimento e di successo, indipendentemente dal genere.

Man mano che la consapevolezza delle diverse identità di genere e delle esigenze di inclusione continua a crescere, è probabile che l'educazione gender neutral continui a guadagnare popolarità e ad influenzare il modo in cui l'istruzione viene concepita e praticata.

Sostenendo e adottando un approccio gender neutral all'educazione, possiamo lavorare insieme per creare un futuro più equo, inclusivo e rispettoso per tutti.

Capitolo 6: Lavoro e professioni gender neutral

6.1 Introduzione al lavoro e alle professioni gender neutral

Il concetto di gender neutral si estende anche al mondo del lavoro e alle professioni.

Creare ambienti di lavoro inclusivi e promuovere carriere gender neutral possono contribuire a ridurre le disparità di genere, combattere gli stereotipi e sostenere i lavoratori di tutte le identità di genere.

In questo capitolo, esamineremo come il concetto di gender neutral può essere applicato al mondo del lavoro e discuteremo le strategie per promuovere l'equità e l'inclusività nelle professioni.

6.2 Stereotipi di genere nel mondo del lavoro

Gli stereotipi di genere possono influenzare negativamente il mondo del lavoro e le opportunità professionali.

Spesso, alcune professioni vengono associate a un genere specifico, limitando le opportunità per le persone di altre identità di genere e rafforzando gli stereotipi.

Per esempio, tradizionalmente gli uomini sono stati associati a lavori manuali o tecnici, mentre le donne sono state associate a ruoli di cura o amministrativi.

Questi stereotipi possono ostacolare la diversità e l'inclusione nel mondo del lavoro, limitando le opportunità professionali e perpetuando le disuguaglianze di genere.

Promuovere carriere gender neutral e creare ambienti di lavoro inclusivi possono aiutare a sfidare questi stereotipi e a garantire che tutti i lavoratori abbiano le stesse opportunità, indipendentemente dall'identità di genere.

6.3 Strategie per promuovere l'equità e l'inclusività nel mondo del lavoro

Per promuovere l'equità e l'inclusività nel mondo del lavoro, è possibile adottare diverse strategie, tra cui:

1. Formazione sulla diversità e inclusione: Offrire formazione sui temi della diversità di genere e dell'inclusione ai dipendenti e ai manager può contribuire a sensibilizzare sulle sfide affrontate dai lavoratori di diverse identità di genere e a promuovere un ambiente di lavoro più accogliente e inclusivo.

2. Politiche e prassi inclusive: Le organizzazioni dovrebbero adottare politiche e pratiche che promuovano l'equità e l'inclusività, come l'uso di un linguaggio gender neutral nelle comunicazioni aziendali, l'offerta di congedi parentali equi per tutti i dipendenti e

la garanzia che i processi di selezione e promozione siano privi di discriminazioni di genere.

3. Rivedere le descrizioni dei ruoli e delle professioni: Le descrizioni dei ruoli e delle professioni dovrebbero essere riviste per eliminare eventuali stereotipi di genere o descrizioni limitanti. Inoltre, le organizzazioni possono promuovere attivamente la diversità di genere nelle professioni tradizionalmente dominate da un solo genere, incoraggiando candidature di tutte le identità di genere.

4. Creare un ambiente di lavoro sicuro e accogliente: Gli ambienti di lavoro dovrebbero essere sicuri e accoglienti per tutti i lavoratori, indipendentemente dall'identità di genere.Questo può includere la creazione di spazi neutri in termini di genere, come bagni e spogliatoi, l'implementazione di politiche contro la discriminazione e la molestia e l'offerta di supporto ai lavoratori che si identificano come transgender o non binari.

5. Rete e mentorship: Promuovere reti e programmi di mentorship per i lavoratori di diverse identità di genere può contribuire a creare opportunità professionali e a sostenere lo sviluppo di carriera. Questo può includere la creazione di gruppi di affinità per i lavoratori di diverse identità di genere, l'offerta di programmi di mentorship e l'organizzazione di eventi di networking.

6. Leadership inclusiva: Assicurarsi che la leadership dell'organizzazione sia inclusiva e rappresentativa di diverse identità di genere può contribuire a creare una cultura aziendale che sostiene l'equità e l'inclusività. Inoltre, i leader possono promuovere attivamente la diversità di genere e sostenere le politiche e le pratiche che promuovono l'equità e l'inclusività.

7. Collaborazione con organizzazioni esterne: Le organizzazioni possono collaborare con gruppi esterni e associazioni che promuovono la diversità di genere e l'inclusione nel mondo del lavoro. Queste collaborazioni possono offrire formazione, risorse e supporto per aiutare le organizzazioni a promuovere l'equità e l'inclusività.

6.4 Benefici del lavoro e delle professioni gender neutral

Promuovere carriere gender neutral e creare ambienti di lavoro inclusivi può avere una serie di benefici per i lavoratori e le organizzazioni, tra cui:

1. Maggiore diversità e innovazione: La diversità di genere nel mondo del lavoro può portare a una maggiore innovazione e a una migliore capacità di risolvere problemi complessi, poiché i lavoratori con diverse esperienze e prospettive contribuiscono a nuove idee e approcci.

2. Migliore soddisfazione e benessere dei lavoratori: Creare ambienti di lavoro inclusivi e accoglienti può contribuire a migliorare la soddisfazione e il benessere dei lavoratori, riducendo lo stress e il disagio legati alla discriminazione di genere e agli stereotipi.

3. Riduzione delle disparità di genere: Promuovere carriere gender neutral può contribuire a ridurre le disparità di genere nel mondo del lavoro, garantendo che tutti i lavoratori abbiano le stesse opportunità di crescita professionale e di successo, indipendentemente dall'identità di genere.

4. Miglioramento della reputazione e del brand: Le organizzazioni che si impegnano attivamente nella promozione dell'equità e dell'inclusività possono beneficiare di una migliore reputazione e di un brand più forte, attrarre talenti diversi e guadagnare il rispetto e la fiducia dei clienti e dei partner commerciali.

6.5 Conclusione

L'adozione di un approccio gender neutral al lavoro e alle professioni è fondamentale per promuovere l'equità e l'inclusività nel mondo del lavoro.

Attraverso la formazione, l'adozione di politiche e pratiche inclusive, la creazione di ambienti di lavoro sicuri e accoglienti e il sostegno alla diversità di genere in tutte le professioni, le organizzazioni possono contribuire a combattere gli stereotipi di genere e a garantire che tutti i lavoratori abbiano le stesse opportunità di crescita professionale e successo.

Man mano che la consapevolezza delle diverse identità di genere e delle esigenze di inclusione continua a crescere, è probabile che l'approccio gender neutral nel mondo del lavoro diventi sempre più importante e influente.

Continuando a impegnarci nella promozione dell'equità e dell'inclusività in tutte le aree della società, possiamo lavorare insieme per creare un futuro più equo, inclusivo e rispettoso per tutti, indipendentemente dall'identità di genere.

Capitolo 7: La società gender neutral del futuro

7.1 Visione di una società gender neutral

Una società gender neutral è quella in cui le persone di tutte le identità di genere vengono trattate con uguaglianza e rispetto, e in cui gli stereotipi e le aspettative di genere non limitano le opportunità o le esperienze delle persone. In una società gender neutral, le barriere di genere vengono smantellate in tutti gli aspetti della vita, dall'educazione al lavoro, alla politica e alla cultura.

La visione di una società gender neutral richiede uno sforzo collettivo da parte di individui, organizzazioni e governi per promuovere l'equità e l'inclusività e combattere gli stereotipi di genere.

7.2 Passi verso una società gender neutral

Per raggiungere la visione di una società gender neutral, dobbiamo impegnarci in una serie di azioni e iniziative in tutti gli ambiti della società:

1. Educazione: Come discusso nei capitoli precedenti, l'educazione gioca un ruolo cruciale nel promuovere la consapevolezza e l'empatia riguardo alle diverse identità di genere. Un approccio gender neutral all'educazione può aiutare a sfidare gli stereotipi e a garantire che tutti gli studenti abbiano le stesse opportunità di apprendimento e successo.

2. Leggi e politiche: I governi devono adottare leggi e politiche che proteggano e promuovano i diritti delle persone di tutte le identità

di genere, garantendo l'uguaglianza e la non discriminazione in materia di occupazione, istruzione, salute e altri servizi.

3. Ambiente di lavoro: Le organizzazioni devono impegnarsi attivamente nella creazione di ambienti di lavoro inclusivi e nella promozione di carriere gender neutral, come discusso nel Capitolo 6. Questo può contribuire a ridurre le disparità di genere nel mondo del lavoro e a garantire che tutti i lavoratori abbiano le stesse opportunità di crescita professionale e successo.

4. Rappresentazione nei media e nella cultura: I media e la cultura giocano un ruolo importante nel plasmare le percezioni e gli atteggiamenti riguardo al genere. Promuovere una rappresentazione equilibrata e inclusiva di tutte le identità di genere nei media e nella cultura può aiutare a sfidare gli stereotipi e a promuovere una maggiore comprensione e rispetto delle diverse identità di genere.

5. Coinvolgimento della comunità: Le comunità possono svolgere un ruolo fondamentale nel promuovere l'equità e l'inclusività gender neutral. Creare spazi comunitari inclusivi, organizzare eventi educativi e di sensibilizzazione e collaborare con organizzazioni che promuovono l'uguaglianza di genere può contribuire a costruire una società più inclusiva e rispettosa.

6. Leadership: I leader in tutti i settori della società, dalla politica alle imprese, devono impegnarsi attivamente nella promozione dell'equità e dell'inclusività gender neutral, dando l'esempio e sostenendo politiche e pratiche che favoriscano l'uguaglianza di genere.

7.3 Benefici della società gender neutral

La creazione di una società gender neutral può portare a numerosi benefici per tutti i membri della società, tra cui:

1. Maggiore equità e uguaglianza: Smantellare le barriere di genere e promuovere l'equità e l'inclusività può contribuire a ridurre le disparità di genere e a garantire che tutti gli individui abbiano le stesse opportunità e diritti, indipendentemente dall'identità di

genere.

2. Migliore comprensione e rispetto: Promuovere la consapevolezza e l'empatia riguardo alle diverse identità di genere può portare a una maggiore comprensione e rispetto tra le persone di tutte le identità di genere, contribuendo a creare una società più armoniosa e inclusiva.

3. Innovazione e creatività: La diversità di genere può favorire l'innovazione e la creatività in vari settori, poiché le persone con diverse esperienze e prospettive contribuiscono a nuove idee e approcci.

4. Benessere individuale e collettivo: Creare una società inclusiva e rispettosa può migliorare il benessere individuale e collettivo, riducendo lo stress e il disagio legati alla discriminazione di genere e agli stereotipi.

7.4 Conclusione

La visione di una società gender neutral richiede uno sforzo collettivo e un impegno a lungo termine da parte di individui, organizzazioni e governi per promuovere l'equità e l'inclusività e combattere gli stereotipi di genere.

Attraverso l'educazione, le leggi e le politiche, la creazione di ambienti di lavoro inclusivi, la rappresentazione nei media e nella cultura e il coinvolgimento della comunità, possiamo lavorare insieme per costruire una società in cui tutte le persone, indipendentemente dall'identità di genere, siano trattate con uguaglianza e rispetto.

Mentre ci impegniamo in questo percorso verso una società gender neutral, è importante riconoscere che il cambiamento non avverrà dall'oggi al domani.

Tuttavia, con determinazione, empatia e collaborazione,possiamo compiere progressi significativi verso la realizzazione di questa visione.

Ogni passo avanti che facciamo ci avvicina a un futuro più equo e inclusivo, in cui tutti gli individui possono prosperare e realizzarsi senza essere limitati dalle aspettative e dagli stereotipi di genere.

Inoltre, è fondamentale che continuiamo a educarci e ad adattarci alle diverse sfumature delle identità di genere e alle esigenze di inclusione.

La nostra comprensione del genere e della sua intersezione con altri aspetti della nostra identità continuerà ad evolversi, e dobbiamo essere pronti a imparare e a crescere insieme come società.

Riflettendo sulle informazioni e le strategie presentate in questo libro, speriamo che tu sia più preparato e motivato a contribuire alla creazione di una società gender neutral.

Ricorda che ogni piccola azione conta e che insieme possiamo fare la differenza nella vita delle persone di tutte le identità di genere.

Il viaggio verso una società gender neutral è un'impresa collettiva e, come tale, richiede la partecipazione di tutti noi.

Continua ad informarti, a sfidare gli stereotipi di genere e a sostenere gli sforzi per promuovere l'equità e l'inclusività in tutti gli ambiti della vita.

Ricorda che il cambiamento inizia con te e che, un passo alla volta, possiamo costruire un futuro più equo e inclusivo per tutti.